Croisé Ballet Lesson Series
クロワゼ・バレエレッスン・シリーズ
⑤

「バレエ筋」を鍛える!

クロワゼ編

SHINSHOKAN

強く美しくしなやかに──

バレリーナの写真で見る「バレエ筋」

バレリーナの美しく軽やかな動きを支えているのは
バレエを踊るのに必要な筋肉、「バレエ筋」。
美しい舞台写真とともに、その一部をご紹介します。

腹斜筋

お腹の両サイドにあり、
上体をキープする働きをもつ筋肉。
アン・ドゥオールを始め、
すべてのバレエの動きは腹斜筋を使って
上体の引き上げを保つことで可能になります。
→ 腹斜筋の鍛え方は14、18、36ページをチェック!

『ラ・バヤデール』より、ソロルとガムザッティの婚約式で悲しみをこらえながら踊るニキヤ。腹斜筋によって最大限に引き上げられた上体が、ニキヤの悲しみの強さを表わします。
オクサーナ・スコーリク

前鋸筋

前鋸筋は、脇とその周辺に広がる筋肉。
肩甲骨を安定させる働きがあり、
腕を背中から長く
伸びやかに使うことを可能にします。
→ 前鋸筋の鍛え方は14ページをチェック!

『白鳥の湖』より、王子の裏切りを悲しむオデット。前鋸筋で肩甲骨を安定させ、伸びやかな腕のラインでオデットの感情を表現します。
スヴェトラーナ・ザハーロワ

内転筋

内腿の筋肉である内転筋。
片脚で立った時に、上半身を支える働きをします。
軸脚の内転筋でしっかり支えているからこそ、
軽やかに美しく脚を上げることができます。

→ 内転筋の鍛え方は18、26ページをチェック！

『アポロ』より、舞踊のミューズ、テレプシコーレの踊り。内転筋でしっかり上体を支え、高く鋭く脚を上げてミューズの気高さを表現しています。
サラ・ラム

Contents 目次

強く美しくしなやかに ── バレリーナの写真で見る「バレエ筋」 2
はじめに 8

テクニック別に「バレエ筋」を鍛える 9

トレーニングの前に 10
「バレエ筋」をCheck! 13
ポール・ド・ブラ 14 　脇を使って腕を動かす 16／背中をキープしたまま腕を上げる 17
デヴェロッペ 18 　寝ながらデヴェロッペする 20／体幹を鍛える 22／内腿を鍛える 24
グラン・バットマン 26 　内転筋を鍛える 28／腰をキープしてバットマン 30
アラベスク 32 　股関節まわりの筋肉を伸ばす 34／前腿を伸ばす 35
ピルエット 36 　お腹の筋肉で上体を回す 38
ジャンプ 40 　足裏で壁をはじく 42
ポアント 44 　壁でルルヴェ・アップ 46／足裏のアーチを作る 47
● ワンポイント・エクサ　アン・ドゥオールしてク・ド・ピエ 25／回転の感覚をつかむ 39／呼吸の感覚をつかむ 43

2 アン・ドゥオールのための「バレエ筋」を鍛える 48

アン・ドゥオールはお尻の筋肉を集めて開く 49

1. お尻の奥の筋肉を鍛える 50　　お尻で脚を動かす 52／お尻を集めてプリエ 54
2. 「引き上げ」の筋肉を鍛える 56　　ストレッチポールを使って伸ばす 58／腸腰筋で脚を動かす 60
3. ハムストリングスを伸ばす 62　　イスを使って伸ばす 64／ゴムバンドを使って鍛える 65

● ここができない！ アン・ドゥオール Q&A　　55、59、66

3 エクササイズ・グッズを使って「バレエ筋」を鍛える 67

ポール

A 胸を伸ばす　**B** 肩甲骨を緩める 68／**C** 付け根を伸ばす① **D** 股関節を緩める **E** 対角線を伸ばす 69
F 胸と脇を伸ばす　**G** 付け根を伸ばす② 70／**H** 足首を伸ばす 71／**I** ふくらはぎ横をほぐす 72／**J** 体側をほぐす 73

エクササイズバンド

A 足裏エクサ① 74／**B** 足裏エクサ② 75／**C** 脚の裏側ストレッチ **D** 開脚ストレッチ 76
E 脇&腿エクサ　**F** 内腿エクサ 77／**G** 背中エクサ 78／**H** 背中&脇エクサ 79

● Column 家でもトレーニング！ レッスン DVD & BOOK　31

はじめに

バレエの動きを美しく行うためにとくに意識すべき筋肉、それが「バレエ筋」です。
「動きはわかるのに、なぜか素敵に踊れない…」
そんな人こそ、この本を通して体の使い方を見直してみてください。
それぞれのパでどの筋肉を使うのか、それはどうやって鍛えるのか ——
筋肉を意識できるようになるだけでも、踊りはグッと素敵になります。

まずはテクニックごとに肝となる「バレエ筋」をご紹介。
簡単なエクササイズで鍛えていきます(第1章)。
次に、テクニックを美しく行うための基礎となる
アン・ドゥオールの「バレエ筋」を集中的にトレーニング(第2章)。
さらに「バレエ筋」を強化したい人のために、
エクササイズ・グッズを使ったトレーニングを紹介します(第3章)。

「バレエ筋」は体の奥や内側にあり、普段は意識しづらい部分。
それでもエクササイズを続ければ、必ず変化は現れます。
さぁ、理想の踊りへの一歩を踏み出しましょう。

1

テクニック別に「バレエ筋」を鍛える

テクニックごとに肝となる「バレエ筋」をチェック！
エクササイズで鍛えていきましょう。

トレーニングの前に
体と心をバレエ・モードへ！

日々、仕事や家事に追われていると、体も心も硬くなってしまいがち。
体が固まっていると筋肉を充分に伸縮させられず、トレーニング効果が半減してしまいます。
また、心が緊張状態にあると、集中力がダウンしてしまうことも。
トレーニングを始める前にストレッチで体と心をほぐし、バレエ・モードにしておきましょう。

ここをストレッチ！

A：デコルテ

パソコンやスマートフォンを使っていると、肩に力が入り、胸や首まわりの筋肉が固まってしまいがち。腕の可動域がせばまってしまう原因にもなるので、デコルテをしっかりほぐしておきましょう。

B：下腹部

重い荷物を持っていると、お腹を縮めて猫背になってしまうことも。それが続くと上体がこわばって、重心が下に落ちてしまいます。トレーニングを行う前にお腹の筋肉を動かし、引き上げの準備をしておきましょう。

C：腰まわり

日常生活では、脚はつねにパラレルの状態。また長時間イスに座るなど同じ姿勢が続くと、腰まわりの筋肉が固まってしまい、アン・ドゥオールしにくくなってしまいます。事前にしっかりとほぐしておきましょう。

D：足裏

長時間の立ち仕事やハイヒールは、足に疲労がたまり、足裏のアーチ*がくずれる原因にも。すると全身のバランスもくずれ、正しい姿勢で立てなくなってしまいます。足裏をほぐして、バレエの正しい姿勢で立てるようにしておきましょう。

*足裏のアーチ……親ゆびの付け根、小ゆびの付け根、踵の3点を結んだ線上にできるアーチ

A：デコルテをほぐす

胸より少し上のデコルテ部分にテニスボールを当てます。円を描くようにボールを転がして、デコルテをなでましょう。

＊肩、首まわりにも行うと、上体が動かしやすくなります

ほぐす側と反対の方向を向く

コロコロ

B：下腹部を引き上げる

手を軽く握り、床に両肘、両膝をつきます。深く息を吐きながら下腹部を引き上げましょう。

下腹部を引き上げることで尾てい骨が下りてくる

ほ〜

C：腰まわりをほぐす

横向きで寝て、腰にストレッチポールを当てます。肘をついて体を支えながら、体を左右に動かしてポールを転がしましょう。

骨盤のサイドに転がす。
ウエストまで転がすと
肋骨に負担がかかるのでNG

ゴーロゴーロ

D：足をほぐす

足ゆびを1本ずつ、付け根からゆび先にかけて優しくさすります。また、両手で中央をくぼませるように押しながら、足裏をほぐしましょう。

ギュー

「バレエ筋」をCheck!

これからエクササイズで鍛えていく「バレエ筋」をチェック! テクニックごとにどこにある筋肉を使うのか確認しましょう。次のページから、詳しい働きや鍛え方を紹介します。気になるテクニックや筋肉からチェックしてもOK!

〈front〉　　　　　　　〈back〉

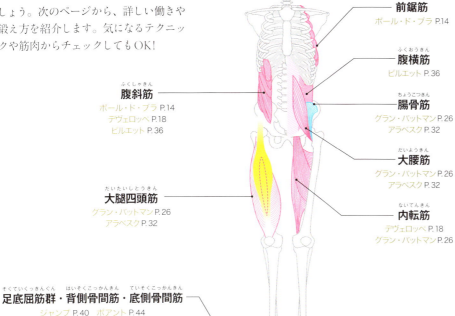
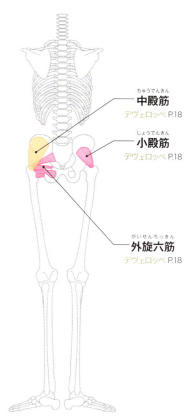

前鋸筋（ぜんきょきん）
ポール・ド・ブラ P.14

腹横筋（ふくおうきん）
ピルエット P.36

腸骨筋（ちょうこつきん）
グラン・バットマン P.26
アラベスク P.32

大腰筋（だいようきん）
グラン・バットマン P.26
アラベスク P.32

内転筋（ないてんきん）
デヴェロッペ P.18
グラン・バットマン P.26

腹斜筋（ふくしゃきん）
ポール・ド・ブラ P.14
デヴェロッペ P.18
ピルエット P.36

大腿四頭筋（だいたいしとうきん）
グラン・バットマン P.26
アラベスク P.32

足底屈筋群・背側骨間筋・底側骨間筋（そくていくっきんぐん・はいそくこっかんきん・ていそくこっかんきん）
ジャンプ P.40　ポアント P.44

中殿筋（ちゅうでんきん）
デヴェロッペ P.18

小殿筋（しょうでんきん）
デヴェロッペ P.18

外旋六筋（がいせんろっきん）
デヴェロッペ P.18

＊全身においての位置を把握するため、図を簡略化しています

ポール・ド・ブラ

腕には、踊り手の感情が表れる——
少しの意識で表現力がアップするポール・ド・ブラは、
踊りを魅力的に見せるカギです。
大きく、優雅に、しなやかに！
思いのままに腕を動かすため、肩甲骨まわりの
「バレエ筋」を鍛えましょう。

ポール・ド・ブラのバレエ筋

肩甲骨まわりの筋肉を鍛えて、腕を大きく
かつ繊細に動かすコントロール力を手に入れましょう。
また、お腹のサイドを鍛えることで腕に振り回されない体幹ができ、
もっと自由に腕を動かすことができます。

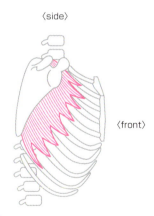

ぜんきょきん
前鋸筋
肋骨から肩甲骨の裏にかけて走る脇の筋肉。腕を背中から大きく使う時に重要となる肩甲骨を安定させる働きがあります。

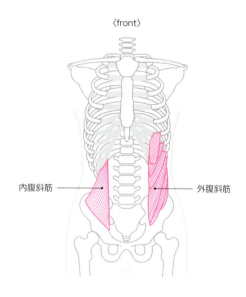

内腹斜筋 / 外腹斜筋

ふくしゃきん
腹斜筋
お腹の両サイドにある筋肉。内腹斜筋と外腹斜筋の2層になっていて、腕を動かす時に体のバランスをキープする働きをします。

● 脇を使って腕を動かす　前鋸筋

ストレッチポールを利用して、腕を上下に動かしましょう。
腕の動きに負けないよう脇を締めることで前鋸筋が鍛えられ、
肩を下げたまま腕を自由に動かせるようになります。

ポールより少し上を見る

脇を締めて
指先を天井に向ける

1.
壁の前に立ち、壁に当てたストレッチポールを手の小指側で支えます。腕は肩幅に開き、90度に曲げて。

肘が開かないよう、
脇を締め続けて

ゆっくり
呼吸をしながら

肩甲骨を
後ろに回すようにして
下げる

2.
腕を上にあげ、ストレッチポールを転がします。❶～❷をゆっくり10回くり返しましょう。

● 背中をキープしたまま腕を上げる 〔前鋸筋〕 〔腹斜筋〕

背中を床につけたまま腕を動かし、脇とお腹のサイドを鍛えましょう。
寝て行うことで体から余分な力が抜け、必要な筋肉だけに意識を集中できます。

背中が浮いているとお腹が緩んでしまい、効果がありません

背中全体を床につける
力を抜いてリラックス
首を長く

肋骨を床につけたまま
肩甲骨を下げたまま、腕をできる所まで動かす

 仰向けに寝て膝を立てます。腕を天井に向かってまっすぐ伸ばし、手を軽く握りましょう。親指だけ出し、頭のほうに向けます。

 肘を伸ばしたまま腕を上下に動かしましょう。❶〜❷をゆっくり5回くり返します。

17

デヴェロッペ

つま先がどこまでも遠くへ伸びていく──
そう思わせるような伸びやかさこそ、美しさの秘訣。
ゆっくりなめらかに脚をコントロールするため、
軸の意識を高めて脚をアン・ドゥオールし、
理想のラインを描き出しましょう。

デヴェロッペのバレエ筋

体幹を鍛えて、上体を引き上げましょう。股関節がスムーズに動いてアン・ドゥオールしやすくなり、脚を高く上げることができます。

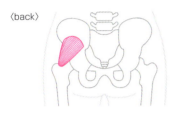

しょうでんきん
小殿筋
骨盤の後ろから大腿骨にかけて走るお尻の奥の筋肉。大腿骨を外旋してアン・ドゥオールするのに使われます。

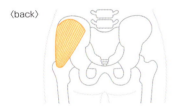

ちゅうでんきん
中殿筋
小殿筋を覆うお尻の筋肉。大腿骨の外旋のほか、骨盤を安定させる働きもあります。

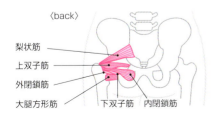

がいせんろっきん
外旋六筋
骨盤と大腿骨をつなぐ、股関節まわりの筋肉群。梨状筋、上双子筋、下双子筋、大腿方形筋、内閉鎖筋、外閉鎖筋からなり、脚をアン・ドゥオールする時に使われます。

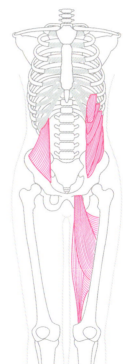

ふくしゃきん
腹斜筋
肋骨と骨盤をつなぐ、お腹の両サイドにある筋肉。脚の動きにつられて上体が傾くのを防ぎます。

ないてんきん
内転筋
恥骨と大腿骨をつなぐ内腿の筋肉。片脚で立った時に上半身を支える働きをします。

● 寝ながらデヴェロッペする　外旋六筋

お尻の力を抜いてデヴェロッペしましょう。
寝て行うことで余分な力が抜け、
アン・ドゥオールに必要な外旋六筋を集中して鍛えられます。

両脚とも
アン・ドゥオール

脇を床から浮かせる

お尻の力を抜くことで
外旋六筋を意識！

横向きに寝て、体の前に手をついて体を支えましょう。
脚を第5ポジションにして、下の足はフレックス、上の足はポアントにします。

上の足のつま先をおへその方に動かしてパッセ。

脚の裏側が伸びるのを感じて

腰を動かさない

前に倒れないよう、腕で体を支えておく

アン・ドゥオールを保ったまま

膝の位置をキープしたまま、つま先を上げましょう。

両足をフレックスにして、上の脚を下ろします。
❶〜❹を5回くり返し、反対の脚でも行いましょう。

● 体幹を鍛える 内転筋 腹斜筋

膝を伸ばしたまま脚を上下して腹筋を鍛え、
体をまっすぐに保つ感覚を身に付けましょう。

上から見て
体がまっすぐになっているか確認！

頭は床につけない。
下を向いて首を長く

脚はまっすぐ
伸ばしたまま

1.
横向きに寝て両脚をそろえ、足はフレックスにします。
右肘をついて左腕を体の横に伸ばしましょう。

2.
右腕を床につけて伸ばし、左腕を体の前につきましょう。
両脚をそろえたまま、重心を腰に移します。

正しい姿勢を Check!

肩ごしに見て、指先の延長線が外くるぶしの前を通ればOK

指先のラインが正確でないと、正しく筋肉を鍛えられません

息を吐きながら

3.
上の脚を浮かせて肩幅に開きます。ゆっくり脚を下ろして❷～❸を8回くり返し、反対側でも行いましょう。

● 内腿を鍛える　内転筋

脚の間にクッションをはさみ、内腿の筋肉を使ってクッションを締め付けましょう。
内転筋が鍛えられるだけでなく、体の中心を意識することもできます。

仰向けに寝て足をそろえ、膝を立てます。クッションを腿ではさみ、息を吐きながらクッションを締め付けていきましょう。ゆっくり10回くり返します。

両脚をそろえて、
内腿を中心に向かって寄せ合う

ふ〜

目線は遠く

ワンポイント・エクサ
アン・ドゥオールしてク・ド・ピエ

デヴェロッペの最初の動きであるク・ド・ピエを、ストレッチバンドを使って行ってみましょう。ここまでに鍛えた筋肉を意識しながら行うと、よりアン・ドゥオールできます。

手を腰に当て、骨盤の位置をホールドする

上体を引き上げて

バンドの力に負けないよう、引き寄せ続ける

内転筋を使っているのを感じて

イスやベッドの脚にストレッチバンドを巻き、結びます。第5ポジションで立ち、バンドを膝裏に当てて足をゆっくりク・ド・ピエに上げ、小さく上下させましょう。5回くり返し、反対の脚でも行います。

＊バンドと脚の間にはタオルを当てましょう。壁やテーブルなどに手をつき、体を支えながら行いましょう

グラン・バットマン

スパッと空を裂く鋭いつま先 ——
バー・レッスンの最後に行われるダイナミックなパです。
じつは脚を高く上げることよりも、
伸びた脚で描く弓なりの軌道を見せられるかどうかがポイント。
最後まで丁寧に下ろせるよう、
脚をコントロールするための筋肉を鍛えましょう。

グラン・バットマンのバレエ筋

骨盤まわりの筋肉を鍛えることで、ボディを安定させたまま
脚をシャープに動かすことができるようになります。
また、内腿の筋肉を鍛えてアン・ドゥオールをキープ。
前腿をストレッチすることで、
膝を伸ばしてバットマンできるようになります。

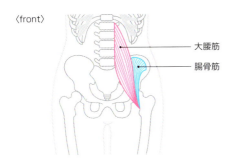

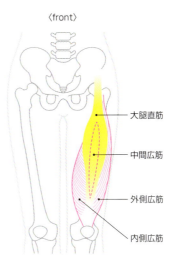

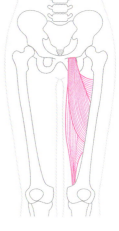

たいようきん ちょうこつきん
大腰筋・腸骨筋
背骨から大腿骨にかけて走る大腰筋と、骨盤と大腿骨をつなぐ腸骨筋を合わせて腸腰筋と呼ばれます。脚を高く上げる動作や、そのキープに使われます。

だいたい し とうきん
大腿四頭筋
内側広筋、外側広筋、中間広筋、大腿直筋の総称。大腿骨を覆う前腿の筋肉で、膝を伸ばす働きをします。

ないてんきん
内転筋
恥骨と大腿骨をつなぐ内腿の筋肉。片脚で立った時に上半身を支える働きをします。

● 内転筋を鍛える [内転筋]

内腿を使って脚を動かしましょう。
空中で行うことで脚の重さを感じることができ、自分の脚を支える筋力が養われます。

1.
仰向けになり、お尻にストレッチポールを当てます。
両脚をそろえてポアントにし、90度に上げます。

脚の裏側が伸びるのを感じて

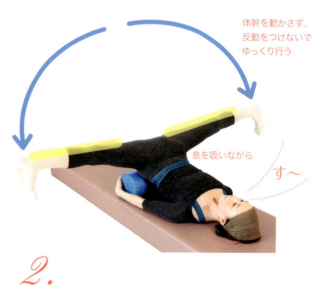

2.
脚をゆっくり左右に開いた後、足をフレックスにします。

体幹を動かさず、反動をつけないでゆっくり行う

息を吸いながら

す〜

3.

フレックスのままゆっくり第1ポジションに戻します。❶〜❸を5回くり返しましょう。

● 腰をキープしてバットマン 大腰筋 腸骨筋 大腿四頭筋

床に寝て行うことで、骨盤まわりの筋肉だけを集中して鍛えることができます。
息を吐くタイミングに合わせて、リズミカルに脚を上下させましょう。
ストレッチポールを当てると腰が安定します。

仰向けになり、お尻にストレッチポール
を当てます。脚をパラレルにして上下
に開き、上にあげた時にフレックス、下
におろした時にポアントにしましょう。
上下の入れ替えを10回くり返します。

バネのようにはずみをつけて、
骨盤まわりの筋肉で脚を上げる

前腿が伸びるのを感じて

お尻をポールに
ぴったりつけて腰をキープ！

家でもトレーニング！ レッスン DVD&BOOK

もっと「バレエ筋」を鍛えたい……そんな人にオススメ！
自宅でも取り組めるレッスン DVD&BOOK を紹介します。

おとなからのバレエ・レッスン&ストレッチ
●DVD　●70分　●5,600円+税　●新書館

おとなからバレエを始めた人のために、バーからセンターまでのレッスン内容を詳しく解説。鍛えた「バレエ筋」を正しく使うための復習にも活用できます。内腿や背中、お尻を鍛えるエクササイズも収録。

ワガノワ・メソッド　動く！バレエ用語集
●DVD　●96分　●5,600円+税　●新書館

パの動き方、体の使い方を理解していれば、もっと「バレエ筋」を意識しやすくなる！　ワガノワ・バレエ・アカデミーの生徒による美しいお手本で、基本からセンターまで52項目の用語を収録。

ドロテ・ジルベール
パリ・オペラ座エトワールのバレエ・レッスン〈上巻〉〈下巻〉
●DVD　●上巻：本編58分+特典45分、下巻：本編45分+28分　●各5,200円+税　●新書館

パリ・オペラ座バレエのエトワール、D.ジルベールがモデルを務め、ウォーミング・アップからバー、センターまで、普段のレッスン内容を完全収録。実際の動きのなかで使われているバレリーナの美しい「バレエ筋」を、じっくりご堪能あれ！

ポケット　バレエ・ストレッチ集
●B6変並製　●1,200円+税　●新書館

全身の部位別ストレッチのほか、電車やオフィスでできる"ながら"ストレッチも収録。汚れに強いじょうぶなビニールカバー仕様&ポケットサイズで、いつでもどこでも「バレエ筋」をストレッチ！

ここで紹介した商品は、全国のバレエショップやバレエショップ フェアリーのオンラインショップ（https://www.fairynet.co.jp/）にてお買い求めいただけます。

アラベスク

手足を遠くへと伸ばす、バレエの象徴ともいえるポーズ。
長く美しいラインを目指して下半身の筋肉を伸ばし、
ボディバランスを整えましょう。

アラベスクのバレエ筋

股関節まわりの筋肉を充分ストレッチして、脚の可動域を広げましょう。
また、脚を上げた時に膝が曲がらないよう、前腿の筋肉も伸ばしておきます。

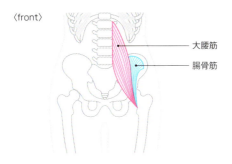

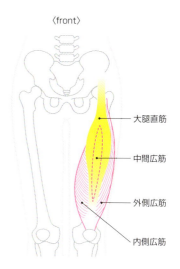

だいようきん ちょうこつきん
大腰筋・腸骨筋

背骨から大腿骨にかけて走る大腰筋と、骨盤と大腿骨をつなぐ腸骨筋を合わせて腸腰筋と呼ばれます。脚を高く上げる動作や、そのキープに使われます。

だいたい し とうきん
大腿四頭筋

内側広筋、外側広筋、中間広筋、大腿直筋の総称。大腿骨を覆う前腿の筋肉で、膝を伸ばす働きをします。

● 股関節まわりの筋肉を伸ばす

大腰筋　腸骨筋　大腿四頭筋

脚を後ろに伸ばしましょう。股関節まわりの筋肉が伸び、
脚を真後ろに出すことができるようになります。

遠くを見る
背筋を伸ばす
股関節まわりの筋肉が伸びる！

ふ〜
息を吐きながら
前腿と付け根が伸びるのを感じて

テーブルや壁に手をつきます。片膝を立てて反対の脚を後ろに伸ばし、膝をつけます。

踵を後ろに押して膝を伸ばします。❶〜❷をゆっくり5回くり返し、反対の脚でも行いましょう。

● 前腿を伸ばす　大腿四頭筋　大腰筋　腸骨筋

膝を立てて、前腿を伸ばしましょう。
膝に負担をかけないよう、クッションを当てて行います。

上体は斜め上に伸ばす
前腿が伸びるのを感じて

ふ～
息を吐きながら
前腿だけでなく
付け根も伸びる！
背筋を伸ばして
尾てい骨を下げる

片膝を立てて座ります。後ろの脚を曲げて、足先を
手で持ちます。

ゆっくりと上体を起こし、5秒キープします。
❶～❷を左右で3回ずつくり返しましょう。

ピルエット

回転は、バレエのなかでもひときわ華やかなテクニック。
ぐらつかずにスルスルッと回るには、
体幹で上体をしっかりキープすることが大切です。
回転に必要なお腹まわりの筋肉を、
ピンポイントで鍛えましょう。

ピルエットのバレエ筋

お腹まわりの筋肉を鍛えて、体幹を安定させましょう。
上体が引き上がり、回転時のコントロールもしやすくなります。

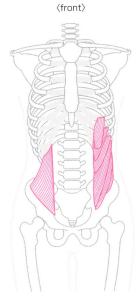

〈front〉

ふくしゃきん
腹斜筋
肋骨の下から骨盤までのお腹まわりを覆う内腹斜筋と、その外側の層にあり、肋骨と骨盤をつなぐ外腹斜筋の総称。お腹の両サイドにあり、上体をひねるのに使われます。

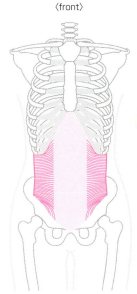

〈front〉

ふくおうきん
腹横筋
お腹まわりをコルセットのようにぐるりと覆う筋肉。腹斜筋のさらに奥にあり、上体を引き上げる働きをします。

● お腹の筋肉で上体を回す　腹横筋　腹斜筋

下半身をキープして軸を意識しながら上体を回し、お腹の筋肉を鍛えましょう。

1. イスに浅く腰掛け、足裏を床につけます。

両脚をそろえる

2. 胸の前で腕を組み、息を吐きながら上体をゆっくり左へ回します。

上体がねじれないように、腕が胸の前にいられるところまで回す

深く息を吐きながら

ふ〜

つま先と膝は正面でキープ

3. 息を吸いながら正面に戻し、反対側に回します。❷〜❸を10回くり返しましょう。

首は伸ばしつづけて

ふ〜

ワンポイント・エクサ
回転の感覚をつかむ

ストレッチバンドを使って上体を回し、
回転の感覚をつかみましょう。

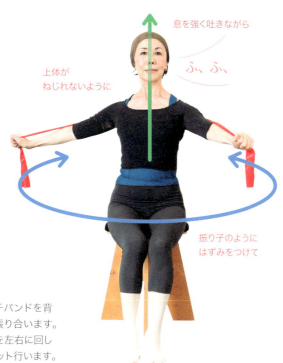

息を強く吐きながら
ふ、ふ、

上体が
ねじれないように

振り子のように
はずみをつけて

イスに浅く腰掛け、ストレッチバンドを背中に回し、両端を握って引っ張り合います。顔を正面に向けたまま、上体を左右に回しましょう。左右1セットを5セット行います。

ジャンプ

バレエのジャンプは、ただ上に跳ぶだけではありません。
空中で脚を打ち付けたり、開いたり……
そのためには、長い滞空時間が必要です。
高いジャンプを目指して、踏み切りに必要な足裏のトレーニングを行いましょう。

ジャンプのバレエ筋

床を押す足裏の筋肉を鍛えましょう。
踏み切りがスムーズになり、高いジャンプにつながります。

〈足裏〉

そくていくっきんぐん
足底屈筋群
ふくらはぎの骨から足ゆびにかけて走る長趾屈筋（ちょうしくっきん）や長母趾屈筋（ちょうぼしくっきん）、長趾屈筋の間を走る虫様筋（ちゅうようきん）など、足裏の筋肉群の総称。ルルヴェの動作や足ゆびの曲げ伸ばしをする時に使われます。

〈足裏〉

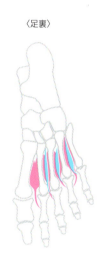

はいそくこっかんきん　ていそくこっかんきん
背側骨間筋、底側骨間筋
背側骨間筋は足裏の中央からゆびの付け根にかけて走り、底側骨間筋は中ゆび、薬ゆび、小ゆびの付け根にある筋肉。足ゆびの曲げ伸ばしをする時に使われます。

● 足裏で壁をはじく

足底屈筋群　背側骨間筋　底側骨間筋

足裏はピンポイントで鍛えるのが難しい部位。
壁を使うことで足裏の感覚をつかみつつ、
必要な筋肉を鍛えましょう。

体の後ろに手をつき、背中を伸ばす

膝を軽く曲げる

＊壁につけている足以外は、トレーニングしやすい体勢でOK

床に座り、足裏を壁につけます。

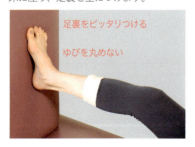

足裏をピッタリつける

ゆびを丸めない

踵を壁からはがすようにドゥミ・ポアントへ。

ゆびの裏で壁をはじきます。

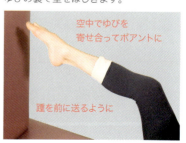

空中でゆびを寄せ合ってポアントに

踵を前に送るように

ワンポイント・エクサ

呼吸の感覚をつかむ

レッスン中、激しく踊ると息が上がってしまうことも。
呼吸が浅いと、踊りが硬くなってしまいます。
横隔膜を広げる呼吸で肺活量を高め、深い呼吸を目指しましょう。

ストールを押し広げるように

1.
ストールやタオルを胸の下に巻きます。鼻から息をゆっくり吸い、脇と背中に空気を入れましょう。

2.
口から息を深く吐き、ストールを優しく締めます。

ポアント

ずっと憧れていたトウシューズ──
でもいざ履いてみると、
「立てない！」「動けない……」ととまどうことも。
シューズに頼らずしっかり立つために、
足裏の使い方を見直しましょう。

ポアントのバレエ筋

ドゥミ・ポアントを通過してポアントに立ちきるための、足裏、足ゆびの筋肉を鍛えましょう。

〈足裏〉

そくていくっきんぐん
足底屈筋群
ふくらはぎの骨から足ゆびにかけて走る長趾屈筋や長母趾屈筋、長趾屈筋の間を走る虫様筋など、足裏の筋肉群の総称。ルルヴェの動作や足ゆびの曲げ伸ばしをする時に使われます。

〈足裏〉

はいそくこっかんきん　ていそくこっかんきん
背側骨間筋、底側骨間筋
背側骨間筋は足裏の中央からゆびの付け根にかけて走り、底側骨間筋は中ゆび、薬ゆび、小ゆびの付け根にある筋肉。足ゆびの曲げ伸ばしをする時に使われます。

● 壁でルルヴェ・アップ 　足底屈筋群

足を壁につけ、ポアントにしましょう。
ドゥミ・ポアントを通ってポアントで立つための
足ゆびの動きの感覚をつかめます。

膝を軽く曲げる

体の後ろに手をつき、背中を伸ばす

＊壁につけている足裏以外はトレーニングしやすい体勢でOK

床に座り、足裏を壁につけます。

壁に体重をかけない

ゆっくりドゥミ・ポアントに。

壁を押さず、踵を上げる

ゆっくりポアントにしましょう。

ゆびを曲げずにそろえる

● 足裏のアーチを作る

足底屈筋群　背側骨間筋　底側骨間筋

トウシューズのなかでゆびが丸まらないよう、足裏の力を目覚めさせましょう。

1. 床に座り、手を親ゆびと小ゆびの付け根の横に添えます。
＊腰を痛めないよう、クッション等に座って行いましょう

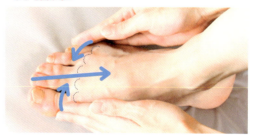

ゆびを曲げない

2. ゆびをそろえたまま踵に向かって引き寄せ、縦のアーチを作ります。

2

アン・ドゥオールのための「バレエ筋」を鍛える

バレエのパを美しく行うために、アン・ドゥオールは必要不可欠。
脚を付け根から開くための筋肉を鍛えましょう。

アン・ドゥオールは
お尻の筋肉を集めて開く

脚を付け根から開きたい——でも付け根をグリグリ動かしていても、正しいアン・ドゥオールにはたどり着けません。じつは脚を開くために必要なのは、お尻にある「小殿筋」と「中殿筋」を集めること。お尻の奥の筋肉をキュッと中心に集めることで、股関節はもっと楽に開くようになるのです。左右のお尻のほっぺたが尾てい骨（お尻の下にある骨）にシュ〜っと吸い込まれるとイメージしてみてください。この時にお尻の穴が締まっている感覚がありつつ、お尻の表面に柔らかさが残っていればOK。正しく筋肉を使えています。

次のページから、お尻を集めてアン・ドゥオールするために必要な筋肉を鍛えていきます。まずは小殿筋と中殿筋を使ってお尻を集める感覚をつかみましょう。次に、お尻の筋肉を使いやすくするために上体を引き上げるエクササイズを行います。最後に腿裏の筋肉（ハムストリングス）を柔軟にして、お尻の筋肉を集めたままスムーズに脚を動かせるようにしましょう。

骨の形を今から変えることはできませんが、筋肉は変えられます。一歩ずつ自分のペースで、理想のアン・ドゥオールに近付いていきましょう。

1. お尻の奥の筋肉を鍛える

アン・ドゥオールする時に使うのは、股関節まわりにある外旋六筋。
しかしこの筋肉は、自分で動かそうとして動かせるものではありません。
お尻の奥にある「小殿筋」と「中殿筋」で、外旋六筋をサポートしましょう。

小殿筋・中殿筋

お尻の奥にある、骨盤と大腿骨をつなぐ筋肉。
いちばん奥にある小さな筋肉が小殿筋、その上に重なっている少し大きな筋肉が中殿筋です。
股関節を外旋させたり、骨盤を安定させたりする働きをします。

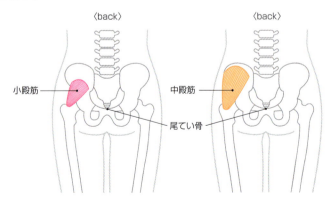

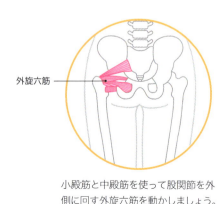

小殿筋と中殿筋を使って股関節を外側に回す外旋六筋を動かしましょう。

Step 1 アン・ドゥオールのための使い方をCheck！

アン・ドゥオールする時は、小殿筋・中殿筋を尾てい骨の方へ集めると、股関節がスムーズに回せるようになります。その感覚をタンデュで感じてみましょう。

第1ポジションから後ろへタンデュしてみましょう。その時、脚を出せば出すほど、左右のお尻が尾てい骨に向かって吸い込まれていくとイメージしましょう。

上半身を引き上げながら

左右のお尻が
どんどん吸い込まれていく

Step 2 鍛え方をCheck!

● お尻で脚を動かす

寝ながら脚を動かして、小殿筋と中殿筋を鍛えましょう。

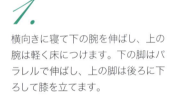

1.
横向きに寝て下の腕を伸ばし、上の腕は軽く床につけます。下の脚はパラレルで伸ばし、上の脚は後ろに下ろして膝を立てます。

体は上から見て一直線になるように

左右の腰骨は床に垂直に

姿勢を保ったまま、
上の膝を前に倒します。

足先は床から離れる

左右の腰骨は床に垂直なまま

上の脚のお尻のほっぺたが
尾てい骨に吸い込まれるイメージで。
この時、小殿筋と中殿筋が
鍛えられます

お尻を使って上の膝を立てます。❷〜❸
を8回行い、反対の脚でも行いましょう。

左右の腰骨は床に垂直なまま

53

● お尻を集めてプリエ

膝を曲げると、お尻を集める感覚がつかみやすくなります。
プリエでより強くお尻を鍛えましょう。

1.
両手バーの第1ポジションで立ち、ドゥミ・プリエ。この状態で、脚を自分のできる最大限まで開きましょう。

2.
つま先と膝を同じ方向に向けたままでいられるところまで膝を伸ばして、5カウントキープします。いちど全身の力を抜き、❶～❷を8回行いましょう。

左右のお尻を尾てい骨に集めて…

お尻が出ないよう、骨盤を立てて体をまっすぐに

膝とつま先は同じ方向に

膝を伸ばせば伸ばすほど、さらにお尻が尾てい骨に集まっていくイメージで

この、最大限にアン・ドゥオールした状態でキープすると、小殿筋と中殿筋が「キュッ」と締まり、より強く鍛えられます

踵が動かないギリギリのところでキープ

ここができない！
アン・ドゥオール Q&A

お悩み1「第5ポジションにする時、後ろの脚が開きません。」

　第5ポジションというのは、本来前と後ろの脚が同じ開き具合になっていなくてはいけません。「後ろの脚が開かない」ということは、前の脚の膝をひねって自分の限界以上に開いている可能性があり、そのままでは膝を痛める危険があります。まずは、前の脚の開き具合を後ろの脚に合わせてみてください。そしてもし先生が許してくださるなら、第3ポジションでレッスンをするとよいでしょう。両脚をクロスさせる部分が浅いぶん比較的楽に開くことができますし、お尻を集める意識もしやすくなります。無理に脚を開こうとすると、出っ尻になったり膝が緩んだりしてしまいがち。まずは第3ポジションで、上半身が引き上がり、膝もきちんと伸びた正しい姿勢で立てることを優先しましょう。

2.「引き上げ」の筋肉を鍛える

上半身が緩んで両脚の上に乗っかっていると、
股関節に隙間がなくなり、お尻を集めにくくなってしまいます。
上半身を引き上げるために必要な「腸腰筋」をしっかり鍛えておきましょう。

腸腰筋

上半身と下半身をつなぐ筋肉。背骨から大腿骨の内側をつなぐ「大腰筋」と、骨盤の内側から大腿骨の内側をつなぐ「腸骨筋」の総称です。上半身を引き上げ、股関節を回しやすくします。

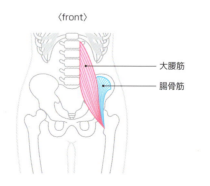

〈front〉
大腰筋
腸骨筋

Step 1 アン・ドゥオールのための使い方をCheck！

腸腰筋を使って上半身を引き上げる感覚を、ルルヴェで感じてみましょう。

第5ポジションでルルヴェをしてみましょう。足ゆびでしっかり床を押し、土踏まずから内腿、腸腰筋までつないだ脚の内側のラインを上へ引き上げていくイメージで立ちます。すると腸腰筋を使って上半身を引き上げることができ、股関節に隙間ができてお尻を集めやすくなります。

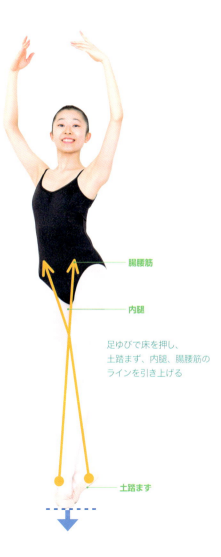

腸腰筋

内腿

足ゆびで床を押し、土踏まず、内腿、腸腰筋のラインを引き上げる

土踏まず

Step 2 鍛え方をCheck!

● ストレッチポールを使って伸ばす

普段の生活では、気づかないうちに前かがみになってしまいがち。すると腸腰筋を縮めたまま固まってしまいます。まずはポールを使って伸ばし、柔軟性を高めましょう。

1.
背骨をストレッチポールの上にそわせて寝ます。腕はリラックスさせ、膝は90度に曲げます。

- 息を吸って……
- 肩が体より後ろへ行かないよう、手のひらで床を少し押す
- 脚はパラレルにして、肩幅に開く
- 背中をぴったりポールにつける

2.
そのままゆっくりつま先を遠くへ伸ばしましょう。❶〜❷を8回行います。

- 息を吐きながら伸ばす
- つま先を遠くへ

ポールと床との段差を使って脚を思い切り伸ばすことで、腸腰筋をストレッチ!

ここができない！
アン・ドゥオール Q&A

お悩み 2

「O脚がひどく、アン・ドゥオールしているつもりでも膝とつま先の向きが違ってしまいます。普段の生活のなかで意識できることはありますか？」

O脚を骨から直すということは難しいですが、毎日少しずつ内腿の筋肉を鍛えれば改善はできます。方法はとても簡単。背筋を伸ばして両脚をまっすぐそろえ、踵を付けて腰かけましょう。そのまま足先でルルヴェとア・テールをくり返してみてください。その時、内腿の筋肉がキュッと硬くなっていれば、筋肉を正しく使えている証拠。電車で座っている時でもこっそり行えますよ。1回1分でもいいので、1日のなかでこまめにエクササイズしてみてくださいね。

● 腸腰筋で脚を動かす

脚を動かして負荷をかけることで、腸腰筋を鍛えましょう。

1.
右手でバーを持ち、自分の前にイスを置いて、足先を少し開いた楽な姿勢で立ちます。イスの右側にタンデュし、出す脚はパラレルに。

左脚の前に
イスの中心が来るように置く

2.
タンデュの脚を上げてイスをまたぎます。

土踏まず、内腿、腸腰筋のラインを自分の方へ引き寄せるようにして脚を上げ、腸腰筋を鍛える！

左右の腰骨の高さが
変わらないように

つま先は遠くへ

脚をイスの左側へ下ろし、またイスをまたいで右側へ戻します。❶〜❸を8回くり返し、反対の脚でも行いましょう。

おうちでもエクサ！

ストレッチポールの代わりに毛布を丸めたり、バーの代わりに壁に手をついたりして、おうちでもエクササイズを行ってみてください。少しずつで良いので、毎日続けることが理想のアン・ドゥオールに近付くカギですよ！

3. ハムストリングスを伸ばす

「集めたお尻」を保つカギは、腿裏の筋肉（ハムストリングス）。
お尻を集めたままスムーズに脚を動かせるよう、
ストレッチで柔らかくしておきましょう。

ハムストリングス

坐骨（左右のお尻の下の骨）から脛骨と腓骨をつなぐ、半腱様筋、半膜様筋、大腿二頭筋の総称。第1ポジションにした時に腿の内側にくる部分で、アン・ドゥオールした脚をキープする働きをします。

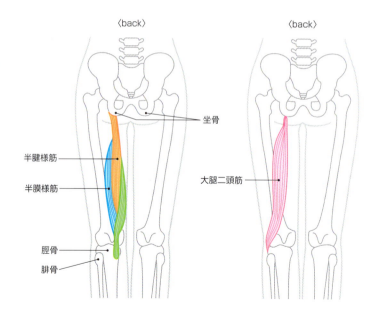

Step 1 アン・ドゥオールのための使い方をCheck！

せっかくお尻を集めても、前腿を使って脚を動かしてしまうと、アン・ドゥオールをキープできません。お尻を集めたまま脚を動かすために、腿裏のハムストリングスを使って脚を出す感覚をつかみましょう。

左右のお尻を尾てい骨に集める

脚の付け根と膝裏を引っ張り合って

第1ポジションから前へタンデュしてみましょう。左右のお尻を尾てい骨に集め、出す脚の付け根と膝裏を引っ張り合うイメージでハムストリングスを伸ばします。脚を出せば出すほど付け根と膝裏を強く引っ張り合いましょう。

Step 2 鍛え方をCheck!

● イスを使って伸ばす

イスを使って、ハムストリングスをよく伸ばしましょう。

1.
パラレルで立ち、イスの上に片足を乗せます。
※イスを使うことで、腰に負担がかかりません。イスがない場合は、腰よりも低い高さで安定感のあるものを選びましょう

2.
上半身を前に倒し、両手でイスをつかんで4カウントキープしましょう。これを左右交互に4回ずつ行います。

息を吸って…

足はフレックスに

イスを使って高さを出すと背中が丸まらず、効果的にハムストリングスが伸ばせる!

背中はまっすぐ

お尻を後ろへ引かないよう、頭を遠くへ引っ張るイメージで

ゆっくり息を吐きながら

付け根と膝裏を引っ張り合い、ハムストリングスが伸びるのを感じて

● ゴムバンドを使って鍛える

ゴムバンドで負荷をかけて、ハムストリングスを鍛えましょう。

力を入れた後に緩めると反動で柔らかくなる筋肉の性質を利用して、ハムストリングスを伸ばします

初心者の人はなるべく低めのバーで

ハムストリングスの力で脚を下ろすイメージで、付け根と膝裏を引っ張り合う

息をゆっくり吐きながら

足はパラレルに

背中は床にピッタリつける

いちど息を吸って、ゆっくり吐きながら

ハムストリングスが伸びるのを感じて

 バーにゴムバンドを結び、頭をバー側にして寝ます。ゴムバンドを片方の足先に引っ掛け、脚を下ろしていきましょう。

 脚の力を抜き、ゴムバンドの力に任せて脚が上がることで、ハムストリングスが伸びるのを感じましょう。片脚につき3回ずつ、左右の脚で4セットずつ行います。

1回目 2回目 3回目
負荷が小さい　負荷が大きい

※ゴムバンドを引っ張って下ろす時、角度を徐々に大きくしていき、負荷を大きくしていきましょう

ここができない！
アン・ドゥオール Q&A

お悩み 3　「自分ができる最大限のアン・ドゥオールがどこまでかわかりません……」

確認する方法はとっても簡単。「仰向けに寝て、パッセがどこまで開くか」です。背中と腰を床にぴったりつけ、両脚はアン・ドゥオールして伸ばします。そしておへそを真上に向けたままパッセをしてみてください。そこがあなたの最大限のアン・ドゥオールです。普段は床を利用して無理やり足先から開いていることが多いため、「思ったより開かない！」と驚く人も多いはず。一生懸命開こうとがんばるのも大切ですが、無理をするとケガにつながります。自分が本来どこまで開けるのか、時々確認してみてくださいね。

3

エクササイズ・グッズを使って「バレエ筋」を鍛える

エクササイズ・グッズを使って、さらに「バレエ筋」を鍛えていきましょう。
グッズごとのトレーニング方法を紹介します。

● ポール

上に寝るだけで背骨の並びが整ったり、体の下でコロコロと転がすだけで
筋肉のマッサージになったりする優れもの。
全身を気持ちよくストレッチすることができます。
1m近い長さのものを選ぶと、頭からお尻まで乗せることができ、エクササイズの幅が広がります。

＊気になる部位のエクササイズから行ってOK！
　A～Eは続けて行うと効果的です

A：胸を伸ばす

背骨をポールにそわせて寝ます。両膝を立てて腰幅に開き、両脚は床に下ろしましょう。

胸と背中が
しぜんに開くのを感じる

背骨と胸の
「つまり」を取って
血行を促進！

首に力を入れない

ポールに背骨を密着させる

両腕は楽に
呼吸できる位置に

B：肩甲骨を緩める

Aから両腕を天井に向かってゆっくり上げ、ゆっくり下げます。これを10回くり返しましょう。

ポールに当てることで
肩甲骨を開き、
腕を上下に動かすことで
緩める

手を引っ張られている
ように動かす

肩甲骨同士の
間が開くのを感じる

C：付け根を伸ばす①

ポールの下端をお尻に当て、気持ちよく感じるまで伸ばしましょう。

ポールから脚を落とすことで付け根が伸びる

首に力を入れない

D：股関節を緩める

Cから膝を開き、両脚でひし形を作ります。気持ちよく感じるまで伸ばしましょう。

脱力して股関節を緩ませる

ひし形が細長いほど股関節に効く！ただしムリは禁物

E：対角線を伸ばす

Dから左膝を伸ばし、右膝を立てます。右腕は肘を曲げて横に伸ばし、左脚を内側に回してから右腕を外側に回しましょう（青の矢印）。反対回しも行い、逆の手足でも行います。

右肩から左腰にかけて、斜めに伸びるのを感じる

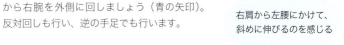

右腕を横に伸ばすことで、肩甲骨まわりの筋肉もストレッチ

脚を外側に回す時は腕を内側に（赤の矢印）

F：胸と脇を伸ばす

首の後ろにしわができすぎないように。苦しければポールを上の方に動かすか、頭の下にタオルを当てる

このままコロコロ動かすと背中のマッサージに♪

胸が伸びるのを感じる

「気持ちいい〜」と感じながら普通に呼吸ができるところで行う

両腕は脱力

脇が伸びるのを感じて

1. ポールを横向きに置いて背中に当て、胸を伸ばします。

2. 両腕を上げます。

G：付け根を伸ばす②

ポールをお尻に当て、脚の付け根を伸ばします。

このままコロコロ動かすと、お尻のマッサージに♪

付け根がよく伸びるところを探す

H：足首を伸ばす

ポアントとフレックスを
左右交互に

足のむくみを取る効果も！

甲からすねにかけて
伸びるのを感じる

ふくらはぎの後ろが
伸びるのを感じる

 ポールに足首を乗せて、ポアントとフレックスを
くり返します。気持ちよく感じるまで続けましょう。

 右足はポアント、左足はフレックスにします。反
対も行い、気持ちよく感じるまで続けましょう。

1:ふくらはぎ横をほぐす

ふくらはぎの横をポールに当てる

1. ポールに足を乗せ、膝を曲げて開き、ひし形を作ります。

余分な力を抜いてリラックス♪

3. 膝を伸ばしきり、❶の状態までゆっくり戻ります。気持ちいいと感じるまで❶〜❸を続けましょう。

脚の下でポールを転がす

ふくらはぎの横はレッスンでこりやすい部分。よくマッサージして!

2. 膝を少しずつ伸ばします。

J：体側をほぐす

気持ちいい部分を
集中的に
コロコロしてもOK

上にある脚を前に重ねる

下側の腕で
体を支える

1. ポールを脇に当てて寝そべります。

手や足で体を支える

3. 行けるところまで行ったら、❶に戻ります。
反対側も行いましょう。

心地よい刺激を感じて

2. ポールに体を乗せて上に移動しながら、
ポールを下に転がしていきます。

● エクササイズバンド

体に引っ掛けたり結んだりと様々な使い方ができ、ゴムの抵抗力を利用して筋肉を鍛えます。バンドの色によってゴムの強さが変わるので、はじめは力の弱いものから使うのがおすすめ。長さも1m未満のショートタイプから2m程度のロングタイプまであります。

`ロングタイプ`

`ショートタイプ`

＊気になる部位のエクササイズから行ってOK！
　それぞれのエクササイズに適したバンドの長さで行ってください

A：足裏エクサ① `ロングタイプ` `ショートタイプ`

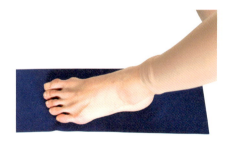

ゴムの端に重しを置くか、だれかに引っ張ってもらう

1. 床にバンドをしきます。

2. 足ゆび全体を使って、バンドをつかみます。

3. 足ゆびを使って、バンドをたぐり寄せます。❶～❸を5回くり返しましょう。

B：足裏エクサ②　ロングタイプ　ショートタイプ

引っ掛けた足は
フレックスに

1. 膝を伸ばして座り、両手でバンドを持って片方の
つま先に引っ掛けます。

バンドの両端を片手で持つと、
ゴムの抵抗が強くなり
負荷がUP！

つま先だけでなく
甲も伸ばす

3. ポアントにしたら、ドゥミ・ポアントを通ってフ
レックスにします。❶〜❸をゆっくり5回行い、
反対の脚でも行いましょう。

2. 足ゆびの力でバンドを伸ばし、
ドゥミ・ポアントにします。

足ゆびの裏側を
遠くへ押すように

C：脚の裏側ストレッチ ロングタイプ

上げた足はフレックスに

膝を伸ばす

ハムストリングスがピーンと伸びるのを感じて！

背中や腰が浮かないように、床にぴったりつける

仰向けに寝てバンドを右足に引っ掛け、膝を伸ばしたままできるだけ顔の方に引き寄せます。反対の脚でも行います。

D：開脚ストレッチ ロングタイプ

ゴムに引っ張られ、いつもより開く！

自分の開ける角度でOK。慣れてきたらだんだん角度を広げていく

バンドは背中側に通す

内転筋を気持ちよく伸ばして

両足にバンドを結び付け、開脚をします。

E：脇＆腿エクサ
ロングタイプ

イスに座ってバンドの端を右足に巻きつけ、もう一方の端を左手で持ちます。左足の踵でバンドを踏み、左手でバンドをゆっくり2回引っ張り上げます。

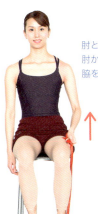

肘と肩を上げずに、肘から先だけを上げて脇を鍛える！

右膝をまっすぐ上に2回持ち上げます。反対の脚でも行いましょう。

ジャンプに必要な脇や腿、背中の筋肉が鍛えられる！

ゴムの抵抗に負けず、まっすぐ上げる

F：内腿エクサ
ロングタイプ

E1の状態から右脚を少し持ち上げ、踵を前に向けましょう。

膝の位置をなるべく変えないように

踵を前に押し出す

右足を外側にスライドさせます。❶の位置にもどしたら❶〜❷を5回行い、反対の脚でも行いましょう。

内転筋を長ーく使う

踵は前に向けたまま

G：背中エクサ
ショートタイプ

- 肩甲骨を下げる
- 首に力を入れない
- 背中の張りを感じる
- 肘は少し緩める
- ふらつく場合は足を開く
- 首に力を入れない
- 背中を使って腕を高く上げる

背中をシェイプアップ！

1. イスに座ってバンドの両端を持ちます。
＊ゴムが硬すぎたり、短すぎたりすると肩が外れる可能性があるので注意！

2. 腕を肩の高さまで上げます。
- 背中の張りを感じて
- 肩甲骨は下げたまま

3. 頭より高い位置まで腕を上げます。ゆっくり❶の位置まで下げ、❶〜❸を5回くり返しましょう。

H：背中＆脇エクサ

ロングタイプ

肩甲骨を下げる

1.
イスに座ってバンドの両端を持ち、両足でバンドを踏みます。
＊ゴムが硬すぎたり、短すぎたりすると肩が外れる可能性があるので注意！

膝とつま先の向きをそろえる

首に力を入れない

胸を張る　　肩甲骨は下げたまま

2.
両手を横に上げ、肩の高さまで上げます。

背中の筋肉を使って！

3.
両手を頭の高さまで上げ、ゆっくり❶の位置まで戻します。❶〜❸をゆっくり5回行いましょう。

79

◈レッスン指導

橋本佳子（はしもと・よしこ）／10〜30、32〜47ページ
英国ロイヤル・バレエ・スクールへ留学後、谷桃子バレエ団で活躍。文化庁在外研修員として渡英し、ピラティスを始めとするダンサーのボディコンディショニング法について学ぶ。現在はトレーニングスタジオ、ボディーワークスを主宰。新国立劇場バレエ研修所などで指導を行う。

ダレン・ヒンドリー／10〜30、32〜47ページ
イギリス出身。ランベール・スクール・オブ・バレエ、セントラルスクール・オブ・バレエで学んだ後、ピラティス、ジャイロトニック®技法を研修。現在は橋本佳子とともにボディーワークスを主宰し、日本を拠点に指導を行う。

山本なつ子（やまもと・なつこ）／49〜66ページ
山本なつ子バレエスクール主宰。米国ジョフリーバレエスクール留学、ワガノワ・バレエ・アカデミー、米国アラバマ州立バレエ団等で研修、RAD（英国ロイヤル・アカデミー・オブ・ダンシング）教師コース及び解剖学受講等の経験を持つ。チャコットカルチャースタジオ、宮益坂スタジオでも指導にあたる。

折井元子（おりい・もとこ）／68〜79ページ
大学卒業後に渡独し、国立ゼンパー・オペラ・ドレスデン等で活躍。04年より指導に携わり、ドイツ国内のバレエ団やバレエ・スクールで指導を行う。帰国後、日本のバレエ・スタジオ、スクールでレギュラー講師として指導に携わり、ドイツのバレエ団でもゲスト講師を務める。

クロワゼ・バレエレッスン・シリーズ⑤

「バレエ筋」を鍛える！

クロワゼ編

2019年9月30日　初版第一刷発行

発行所：株式会社 新書館
編集／〒113-0024　東京都文京区西片2-19-18
　　　TEL：03（3811）2871　FAX：03（3811）2501
営業／〒174-0043　東京都板橋区坂下1-22-14
　　　TEL：03（5970）3840　FAX：03（5970）3847
表紙・本文レイアウト・作図：SDR（新書館デザイン室）

写真：瀬戸秀美（3〜5ページ）、松谷靖之（10〜30、32〜47ページ）、
　　　政川慎治（50〜65、68〜79ページ）
モデル：矢野令子、赤井綾乃（10〜47ページ）、矢野りさ（50〜65ページ）、
　　　　仙頭由貴（68〜79ページ）
イラスト：武蔵野ルネ

印刷・製本：株式会社 加藤文明社
© 2019 SHINSHOKAN
＊本誌掲載の写真、イラスト、記事の無断転載を禁じます。
Printed in Japan ISBN 978-4-403-33069-8